15 decembre 1893

Maurice de La Penha
[Brandeis et autres]

TABLEAUX

ANCIENS & MODERNES

MEUBLES ANCIENS

ET DE STYLE

PENDULES ET BRONZES DES XVIIe ET XVIIIe SIÈCLES

SCULPTURES

COMMISSAIRE-PRISEUR :

Me **Paul CHEVALLIER**, *10, rue de la Grange-Batelière.*

EXPERTS :

POUR LES OBJETS D'ART :	POUR LES TABLEAUX :
M. Ch. MANNHEIM	**M. Georges PETIT**
7, rue Saint-Georges	*12, rue Godot-de-Mauroi*

PARIS. — IMP. GEORGES PETIT, 12, RUE GODOT-DE-MAUROI. — 70-93.

CATALOGUE

DE

TABLEAUX

ANCIENS ET MODERNES

MEUBLES ANCIENS

ET DE STYLE

Pendules et Bronzes des XVIIe et XVIIIe siècles

SCULPTURES ET OBJETS VARIÉS

APPARTENANT EN PARTIE A MM. B. ET DE L. P.

DONT LA VENTE AURA LIEU

HOTEL DROUOT, SALLE N° 6

Le Vendredi 15 Décembre 1893

A DEUX HEURES

COMMISSAIRE-PRISEUR :

Me Paul CHEVALLIER, 16, rue de la Grange-Batelière

EXPERTS

POUR LES OBJETS D'ART
M. Ch. MANNHEIM
7, Rue Saint-Georges

POUR LES TABLEAUX
M. GEORGES PETIT
12, Rue Godot-de-Mauroi

Chez lesquels se trouve le présent Catalogue

EXPOSITION PUBLIQUE

LE JEUDI 14 DÉCEMBRE 1893

de une heure 1/2 à cinq heures 1/2

CONDITIONS DE LA VENTE

Elle sera faite au comptant.

Les Acquéreurs paieront **cinq pour cent** en sus des adjudications.

DÉSIGNATION

TABLEAUX ANCIENS

BEGA

CORNILLE

1 — *Le Violoneur.* 200

Au milieu d'une taverne, des villageois sont attablés : à droite, l'un d'eux joue du violon, tandis que dans le fond un couple s'enlace amoureusement.

Toile. Haut., 76 cent. ; larg., 66 cent.

BLOEMEN

PEETER VAN, dit STANDAERT

2 — *La Ferme.*

Des animaux au milieu d'un paysage; à gauche, un paysan et une paysanne près d'une ferme; à droite, des vaches se désaltèrent dans une mare.

Galerie Gsell.

Toile. Haut., 58 cent.; larg., 84 cent.

BREUGHEL

PEETER, dit LE VIEUX

3 — *La Danse de l'Œuf.*

Auprès d'un cabaret, une vieille femme exécute la danse de l'œuf en suivant la musique d'un violoneux; à droite, hommes et femmes sont attablés et boivent.

Galerie Gsell.

Galerie Festetits.

Monogramme P. B. 1561.

Panneau. Haut., 78 cent.; larg., 1 mètre.

BREUGHEL

LE VIEUX

4 — *L'Hiver.*

Panneau. Haut., 52 cent.; larg., 65 cent.

CARRACI

ANNIBAL

5 — *Vénus et Adonis.*

Toile. Haut., 42 cent.; la g., 33 cent.

CERQUOZZI

6 — *Scène de Carnaval.*

Toile. Haut., 58 cent.; larg., 87 cent.

CONEGLIANO

CIMA DA

7 — *La Vierge et l'Enfant-Jésus.*

Panneau. Haut., 50 cent.; larg., 65 cent.

CUYP

ATTRIBUÉ A

8 — *Portrait de femme.*

Elle est vue presque de face; aux traits placides et accentués, les cheveux pris dans une résille, la tête émergeant d'une collerette blanche bordée de dentelle, vêtue d'une robe noire, à manchettes assorties à la collerette; des bracelets ornent ses poignets; elle tient de la main droite un gant.

Panneau. Haut., 42 cent.; larg., 32 cent.

DOLLINGER

9 — *Vache.*

Panneau. Haut., 40 cent.; larg., 33 cent.

DUCQ

JAN LE

10 — *Le Fumeur.*

Assis près d'une table, un gentilhomme en costume Louis XIII fume avec plaisir une pipe et semble rêver.
Signé, en bas, à droite.

Panneau. Haut., 36 cent.; larg., 28 cent.

DUSSART

CORNILLE

11 — *Intérieur de paysans.*
Sous l'auvent de la cheminée, la famille est assemblée. La mère, entourée de ses enfants, tient de sa main un gobelet dans lequel un paysan lui verse à boire.

Toile. Haut., 75 cent.; larg., 62 cent.

ÉCOLE FLAMANDE

12 — *Le Marchand de soufflets.*

Panneau. Haut., 39 cent.; larg., 30 cent.

ÉCOLE VÉNITIENNE

(XVIIIe SIÈCLE)

13 — *Le Festin d'Esther.*

« Notre ennemi cruel devant vous se déclare :
« C'est lui, c'est ce ministre infidèle et barbare
« Qui, d'un zèle trompeur à vos yeux revêtu,
« Contre notre innocence arma votre vertu. »

RACINE, *Tragédie d'Esther.*

Signé : A. U. 1787.

Toile. Haut., 60 cent.; larg., 80 cent.

ÉCOLE VÉNITIENNE

(XVIIIe SIÈCLE)

14 — *Le Couronnement d'Esther.*

« Enfin, avec des yeux où régnait la douceur :
« Soyez reine, dit-il, et, dès ce moment même,
« De sa main, sur mon front posa son diadème. »

RACINE, *Tragédie d'Esther.*

Signé : A. U. 1787.

Toile. Haut., 60 cent.; larg., 80 cent.

ELZHEIMER

15 — *Le Berger et Mercure.*

Peint sur cuivre. Haut., 12 cent.; larg., 16 cent.

ELZHEIMER

16 — *Nymphes et Satyres.*

Peint sur cuivre. Haut., 12 cent.; larg., 16 cent.

GIORGIONE

17 — *Le Joueur de flûte.*

Vu presque de dos, la tête tournée vers l'épaule droite, la flûte entre les doigts, le musicien s'interrompt de jouer, comme attentif à quelqu'un qui lui parlerait.

Galerie Mario, Marquis de Candia.

Toile. Haut., 1 mètre; larg., 78 cent.

Giorgione

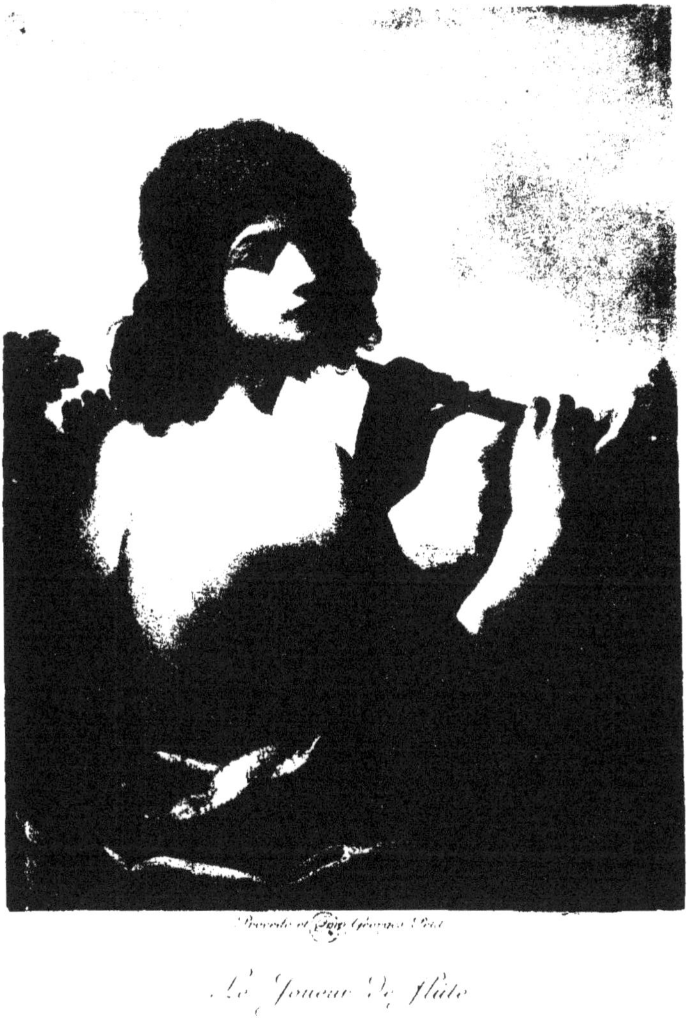

Procédé et Imp. Georges Petit

Le Joueur de flûte

Van Goyen

Procédé et Imp. Georges Petit

Le Poste des Douaniers

907 chez
Simon

GOYEN

(JAN VAN)

18 — *Le Poste des douaniers.* 3450

A droite, la Meuse promène son ruban de lumière; sous un ciel largement ennuagé, des passeurs abordent leur bachot chargé de voyageurs; à droite, au sommet d'un monticule, le poste des douaniers dresse ses quatre faces à tourelles; une pièce de canon le défend. Plus à droite encore et à l'horizon, la campagne, dominée par un clocher.

en 1907 chez Eduard Simon

Signé, à gauche, sur la barque, du monogramme, et daté 1651.

Galerie Gsell.

Galerie Festetits.

Panneau. Haut., 57 cent.; larg., 99 cent.

GOYEN

(ATTRIBUÉ A J. VAN)

19 — *Bords de rivière.*

Panneau. Haut., 23 cent.; larg., 29 cent.

HAKKERT

(JAN)

20 — *Bords de la Meuse.*

Le fleuve coule lentement entre des berges largement ombragées par des arbres séculaires; au fond le clocher d'une église semble indiquer le village voisin; de nombreuses barques se dessinent dans le lointain.

Ciel nuageux.

Signature apocryphe de Hobbema.

Toile. Haut., 97 cent.; larg., 130 cent.

Dirck Hals

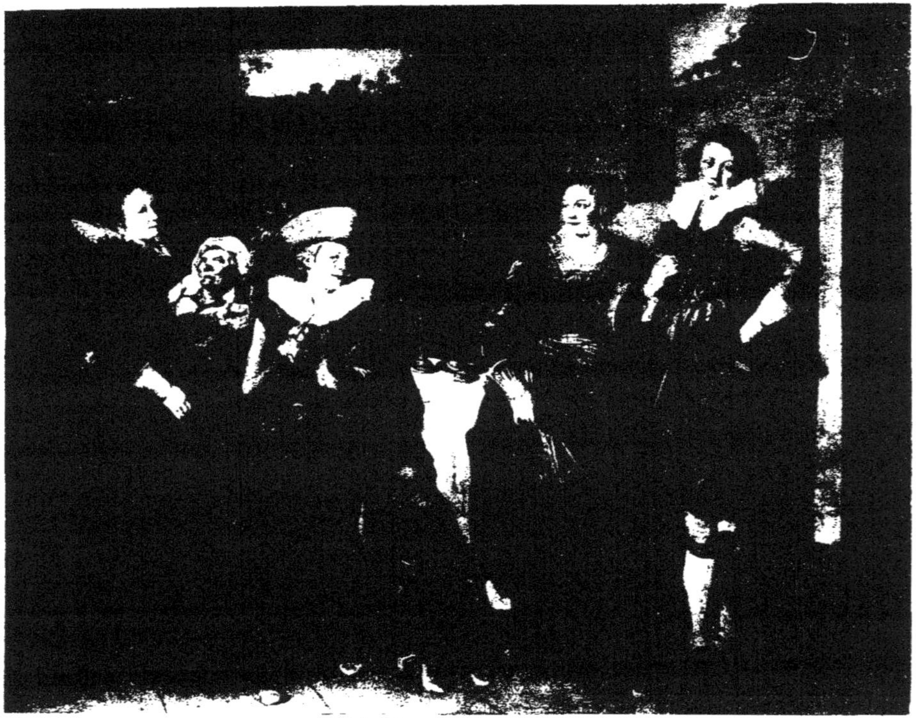

Procédé et Imp. Georges Petit

Société élégante

HALS

(DIRCK)

21 — *Société élégante.* 4000

Près du guéridon où sont encore des fruits épluchés, un jeune seigneur, vêtu de rouge, se laisse cajoler et fume sa pipe en minaudant ; à ses côtés, une jeune commère lui présente un verre de liqueur ; à droite, un autre gentilhomme a déjà accepté le bras d'une jeune femme; la porte est entr'ouverte...

Toile. Haut., 81 cent.; larg., 1 mètre.

acheté plus tard par Sedelmeyer
(vendu par Fischhof à Widener ?)

HEEMSKERCK

265

Wassermann

22 — *Nature morte?*

Un paysan, coiffé d'une toque rouge, allume sa pipe à une terrine renfermant des cendres; à côté de lui, un panier, et par terre différents accessoires.

Signé du monogramme.

Panneau. Haut., 25 cent.; larg., 17 cent.

Van der Helst

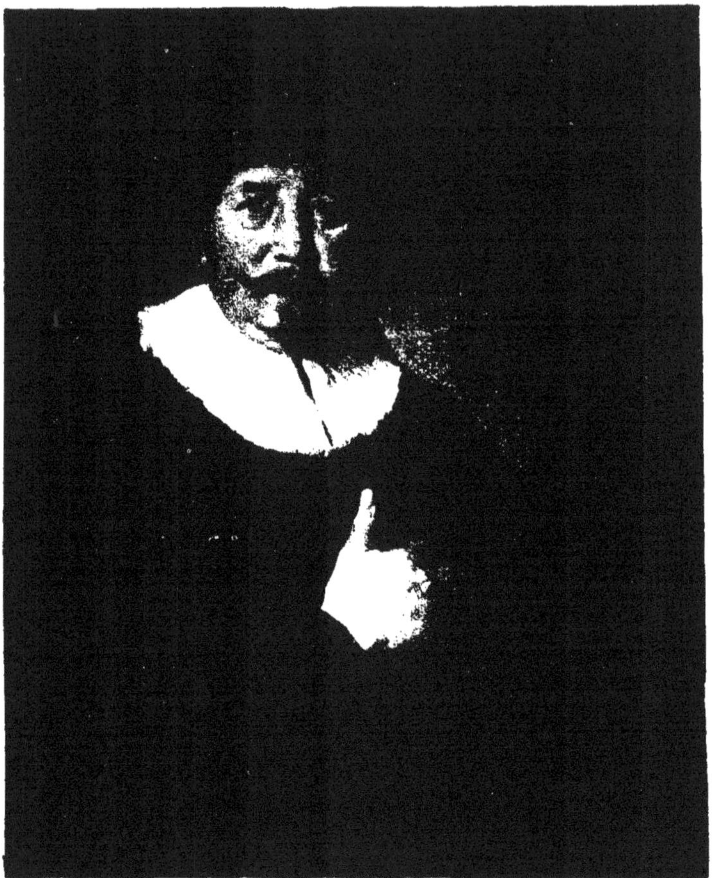

Procédé et Imp. Georges Petit.

L'homme au Chapeau

HELST

BARTHOLOMÉ VAN DER

23 — *L'Homme au chapeau.* 550

Vu presque de face, il est vêtu de noir; sa figure rubiconde est coiffée du feutre à large bords et portée sur une collerette blanche à tuyautés rabattus; la main est ramenée sur la poitrine.

Signé à droite.

Toile. Haut., 77 cent.; larg., 65 cent.

HOET

(GÉRARD)

24 — *Les Muses.*

Signé à droite.

Panneau. Haut., 34 cent.; larg., 43 cent.

HOLBEIN

(GENRE DE)

25 — *Portrait d'homme.*

Panneau. Haut., 22 cent.; larg., 17 cent.

HUCHTENBURG

26 — *Une Bataille.*

Après avoir pris la ville, que l'on aperçoit au fond toute en flammes, des cavaliers poursuivent les vaincus, sans pitié écrasant sur leur passage les femmes et les enfants; au premier plan, un cavalier est assailli de tous côtés et tombe mortellement blessé.

Signé à gauche.

Galerie Gsell.

Toile. Haut., 42 cent.; larg., 56 cent.

KEYSER

(ATTRIBUÉ A TH. DE)

27 — *Personnage hollandais et sa femme.*

Panneau. Haut., 66 cent; larg., 53.

MOLENAER

(JAN)

28 — *La Kermesse.*

Deux paysans sont attablés auprès d'un cabaret et terminent un marché ; devant eux, une femme assise, tenant sur ses genoux un bébé, semble suivre avec intérêt la négociation. A droite, hommes et femmes fument et causent ensemble. Plus loin, d'autres paysans arrivent. A gauche, une maison en construction se dessine sur un ciel ennuagé.

Toile. Haut., 1 mètre ; larg., 130 cent.

NETSCHER

(CONSTANTIN)

29 — *Portrait du Duc de Bourgogne.*

Vu de face, portant la perruque du temps, il est vêtu d'un habit de velours rouge et porte en sautoir une écharpe bleue, retenue à l'épaule par une boucle en or ; la main gauche est appuyée sur un meuble ; près de lui, son chien pose également.

Signé en toutes lettres, et daté 1710.

Toile. Haut., 52 cent. ; larg., 44 cent.

NETSCHER

(CONSTANTIN)

30 — *Portrait de la Duchesse de Bourgogne.*

Elle est assise sur un banc au milieu du parc de Versailles, vêtue d'une draperie bleue retenue en écharpe par un ruban d'or à joyaux de pierreries ; le col délicat porte un collier de perles ; de la main gauche elle tient des fleurs, tandis qu'elle caresse de la droite un King-Charles couché près d'elle.

Signé en toutes lettres, daté 1708.

Toile. Haut., 52 cent. ; larg., 44 cent.

NEYTS

(A.-E.)

31 — *Halte de paysans dans une forêt.*

Panneau. Haut., 52 cent. ; larg., 85 cent.

ORRIZONTI

(VAN BLOEMEN, dit)

32 — *Paysage.*

Toile. Haut., 56 cent.; larg., 80 cent.

OSTADE

(ATTRIBUÉ A)

33 — *Les Fumeurs.*

Signature de Ostade.

Forme ovale. Panneau. Haut., 32 cent.; larg., 40 cent.

PALAMÈDES

34 — *Le Concert.*

Dans un salon, dames et seigneurs devisent gaiement, tandis qu'un cavalier, assis devant une dame richement costumée, se fait verser du vin par un page. Un autre gentilhomme pince de la mandoline en l'honneur d'une dame placée près de lui et qui l'écoute avec plaisir.

Panneau. Haut., 60 cent.; larg., 84 cent.

PALAMÈDES

35 — *Scène galante.*

Panneau. Haut., 27 cent. ; larg., 20 cent.

POTTER

ATTRIBUÉ A PAULUS

36 — *Bestiaux dans un pré.*

Au bord d'une mare, à l'ombre d'un vieux chêne, vaches et moutons se dirigent vers leur pâturage.
Ciel nuageux.

Panneau. Haut., 46 cent. ; larg., 65 cent.

RAPHAEL

ÉCOLE DE

360

37 — *Vierge et Enfant Jésus.*

Panneau. Haut., 85 cent. ; larg., 57 cent.

RUYSDAEL

JACOB

38 — *Allée d'arbres.*

Sous une longue allée d'arbres, un personnage se promène avec un chien; à droite, sur le bord d'un ruisseau, s'élève une chaumière dont on aperçoit le toit au-dessus d'un petit rideau d'arbres.

Toile. Haut., 66 cent.; larg., 55 cent.

RUYSDAEL

(SALOMON)

39 — *Paysage.*

Sur le bord d'un chemin, des paysans se reposent à l'ombre de grands arbres; à droite, une plaine limitée par la ville dont les monuments et les maisons se silhouettent sur un ciel nuageux reflétant les dernières lumières du jour.

Panneau. Haut., 40 cent.; larg., 35 cent.

STEEN

(JAN)

40 — *La Consultation.*

Une femme est assise le bras gauche appuyé sur une table. Auprès d'elle, le docteur lui tâte le pouls. Dans le fond, un joyeux compère, montrant en riant un poisson qu'il tient à la main, semble dire que la diète a été ordonnée.

Panneau. Haut., 27 cent.; larg., 22 cent.

TENIERS

(ÉCOLE DE)

41 — *L'Alchimiste.*

Dans son laboratoire, assis près d'une table recouverte d'un tapis rouge sur laquelle sont divers accessoires, l'alchimiste tient de la main gauche un coffret entr'ouvert et de la main droite une coupe; il attend le résultat d'une expérience. Sur le sol, divers objets de chimie.

Signé des initiales D. T.

Panneau. Haut.. 23 cent.; larg.. 33 cent.

TENIERS

(D'APRÈS)

42 — *Les Liseurs.*

Panneau. Haut., 21 cent.; larg., 18 cent.

VELDE

(ESAIAS VAN DEN)

43 — *Les Aveugles.*

Des aveugles marchant les uns derrière les autres en se tenant, soit par l'épaule, soit par leur bâton, sortent d'un bois. Au débouché du chemin se trouve une rivière où le premier vient de tomber entraînant tous les autres à sa suite.

Panneau. Haut., 52 cent.; larg., 79.

VICTOOR

(JAN)

44 — *Le Charlatan.* 600

Galerie Gsell.

Toile. Haut., 74 cent.; larg., 95 cent.

WOUWERMANS

ATTRIBUÉ A PH.

45 — *La Levée du camp.* 255

Sur un tertre dominant le camp, des cavaliers se sont arrêtés auprès d'une tente, l'un d'eux donne le signal du départ en sonnant de la trompe; à gauche, un soldat lutine une jeune servante; à droite, deux femmes sont assises.

Toile. Haut., 46 cent.; larg., 41 cent.

TABLEAUX MODERNES

ALT

(R.)

46 — *Capri.*

Sur le parapet du quai qui longe la ville, des lazzaroni sont étendus ; plus loin, la foule est massée près du débarcadère ; à gauche, le port avec quelques embarcations.
Signé à droite.

Toile. Haut., 55 cent.; larg., 79 cent.

ALT

(R.)

47 — *Le Temple de Vesta.*

Signé à gauche.

Toile. Haut., 54 cent.; larg., 79 cent.

BÉRAUD

JEAN

48 — *Zermatten.*

A la rentrée de l'excursion, les guides et les touristes piétinent sur place en causant, tandis qu'au fond se dressent les monts Cervin et les pics qu'il s'agit de visiter.

Signé à gauche.

Toile. Haut., 38 cent. ; larg., 55 cent.

BLANCHARD

49 — *Troubadour Florentin.*

Il est vêtu d'un costume florentin, les cheveux émergeant d'une calotte rouge, les manches rouges sortant d'un juste-au-corps de velours noir, lacé sur une chemisette blanche ; la main gauche joue avec un médaillon d'or suspendu à une chaîne.

Signé en haut à gauche.

Toile. Haut., 62 cent.; larg., 50 cent.

BOSSUET

(F.)

50 — *La Mosquée de Cordoue sur le Guadalquivir.*

Signé à droite.

Toile. Haut., 40 cent.; larg., 55 cent.

BRENDEL

51 — *Moutons.*

Signé à droite.

Toile. Haut., 40 cent.; larg., 55 cent.

CAZIN

(C.)

52 — *Fusain.*

Signé à gauche du monogramme C.

DECAMPS

53 — *Sur la Terrasse.*

Appuyées contre le parapet de la terrasse, trois orientales regardent passer quelque cortège se rendant à la fantasia ; à droite, contre la pierre roussie, une couverture blanche est suspendue.

Signé à gauche.

Toile. Haut., 26 cent. ; larg., 20 cent.

DETTI

C.

54 — *Elixir d'amour.*

Signé à gauche, daté 1872.

Panneau. Haut., 32 cent. ; larg., 40 cent.

DIAZ

(N.)

55 — *Sous Bois.*

Etude d'arbres : sur l'écorce, la lumière promène des clartés lisses ; à droite et à gauche, l'épaississement du bois. Dans les branches, quelques rousseurs automnales.

Signé à gauche et daté 76.

Panneau. Haut., 34 cent. ; larg., 23 cent.

DUPRÉ

(JULES)

56 — *Le Moulin à eau.*

Au bord du ruisseau, où le jour qui s'achève promène de chauds reflets, filtrés à travers les branches touffues, le moulin dresse son toit de chaume, tandis que la roue, plongeant dans l'eau, fait ruisseler autour d'elle des gouttes diamantées. Dans le ciel, des nuages blancs roulent sur un fond d'azur.

Signé à gauche.

Toile. Haut., 27 cent.; larg., 22 cent.

HÉBERT

57 — *En Italie.* 315

A l'entrée du bois, des Italiens et des Italiennes se sont arrêtés pour boire l'eau d'une source ; à droite, le mur d'une ferme devant laquelle une jeune fille donne leurs grains aux poules ; à gauche, à l'horizon d'un chemin montant, sous les frondaisons touffues, un coin de ciel empourpré par le soleil couchant.

Signé à gauche du monogramme H.

Panneau. Haut., 20 cent.; larg., 25 cent.

HUMBERT

58 — *Joueuse de tambourin.* 1050

Signé à droite.

Toile. Haut., 140 cent.; larg., 93 cent.

JACQUE

59 — *Bergerie.*

Dans la bergerie, une brebis allaitant son petit; à droite, sur le fumier, une bassine de cuivre où la lumière met des gouttes d'or.

Signé à gauche.

Toile. Haut., 47 cent.; larg., 67 cent.

LEMATTE

60 — *Soubrette.*

Signé en haut, à gauche.

Panneau. Haut., 24 cent.; larg., 15 cent.

MACHARD

(J.)

61 — *Séléné.*

Toile. Haut., 270 cent.; larg., 160 cent.

MACHARD

(JULES)

62 — *Tête d'Italienne.* 265

Vue de trois quarts à gauche, la tête penchée, les cheveux noirs séparés en bandeaux sur le front, l'épaule droite couverte d'une draperie historiée.

Signé en haut, à droite.

Toile. Haut., 50 cent.; larg., 40 cent.

MACHARD

(JULES)

63 — *Un Page.* 310

La tête aux traits accentués, aux cheveux châtains embroussaillés, émergeant d'une collerette blanche à tuyautés rigides. Le haut du buste est indiqué dans une draperie ponceau.

Signé à gauche.

Toile. Haut., 47 cent.; larg., 36 cent.

MACHARD

(JULES)

64 — *Tête.*

Elle est surprise en sa nudité coquette et serre contre ses chairs rosées les plis d'un manteau de velours bleu garni de fourrures.

La tête s'incline, minaude, sur l'épaule droite, tandis que la main droite, ramenée à l'épaule gauche, permet de voir les cheveux blonds flottant sur le dos.

Pastel.

Toile. Haut., 60 cent.; larg., 50 cent.

MACHARD

(JULES)

65 — *Femme au manteau de fourrure.*

Le haut du corps, vu presque de face, la tête tournée de trois quarts; à droite, les cheveux fauves se mêlant à la fourrure qui borde le manteau; l'épaule et le sein découverts.

Signé à gauche.

Toile. Haut., 60 cent.; larg., 50 cent.

MEISSONIER

66 — *Mousquetaire.* 135

En haut, à droite, un croquis de draperie : en bas, en travers des jambes, une silhouette de gentilhomme.
Dessin.

MILLET

J. F.

67 — *Paysanne.* 150

Dessin. Soulès
Vente Millet.

NITTIS (de)

68 — *Place de la Concorde.* 600

A droite, deux parisiennes accompagnant une nourrice ; à gauche, des oiseaux arrêtés sur le sol ; plus loin, un chariot chargé de madriers ; deux cavaliers ; puis, de l'autre côté du balcon de pierre et de la statue, les fontaines, l'obélisque, l'entrée de la rue Royale, et, sur la gauche, les arbres rouillés des Champs-Elysées.
Signé à droite.

Toile. Haut., 38 cent. ; larg., 55 cent.

ROBERT-FLEURY

400 Petit 69 — *Michel-Ange et Vasari dans l'atelier du Titien.*

Signé à gauche.

Toile. Haut., 84 cent.; larg., 105 cent.

ROUSSEAU

(PHILIPPE)

615 Sonbrès 70 — *Le Déjeuner.*

Sur une nappe blanche, le déjeuner n'attend plus que le convive : le plat de résistance est un jambon entamé ; à gauche, un gobelet d'argent ; à droite, une bouteille, un bocal de pikles, une salière ; devant, le couvert, l'assiette sur laquelle on a posé une lettre, un numéro du *Figaro* encore sous sa bande, etc.

Signé.

Toile. Haut., 73 cent.; larg., 92 cent.

ROUSSEAU

PHILIPPE

71 — *Pêches au vin.* 365

Sur une table, un panier de pêches, quelques morceaux de sucre, des quartiers de pêches dans un verre de vin, une bouteille, un couteau, etc.
Signé à droite.

Toile. Haut., 54 cent.; larg., 78 cent.

SCHMITSON

72 — *Vaches.* 190

Toile. Haut., 24 cent.; larg., 35 cent.

STRASSGSCHWANDTNER

(A)

73 — *Cavaliers turcs dépouillant un officier russe.* 410

Toile. Haut., 38 cent.; larg., 33 cent.

THIRION

74 — *Voix de Jeanne d'Arc.*

La bergère a été surprise dans la campagne; derrière elle, des figures ailées parlent de guerre et de délivrance.

Signé à droite.

Toile. Haut., 81 cent.; larg., 58 cent.

THOREN

(OTTO VON)

75 — *L'Orage.*

L'orage s'annonce au loin et les paysans s'empressent de rentrer à la ferme, une lourde charrette de foin débouche sur la route où se pressent déjà des bœufs et des moutons.

Signé à droite.

Haut., 45 cent.; larg., 75 cent.

THOREN

(OTTO VON)

76 — *Chevaux hongrois.*

C'est le soir; au milieu des prairies qui couvrent les collines, des paysans rassemblent leurs chevaux.

Signé à droite.

Haut., 45 cent.; larg., 75 cent.

VERBOECKHOVEN

77 — *Vache auprès d'une barrière.*

Haut., 18 cent.; larg., 21 cent.

VERNIER

(ÉMILE)

78 — *Marée basse.*

Signé à droite.

Toile. Haut., 90 cent.; larg., 130 cent.

OBJETS D'ART

MEUBLES

10 000 — 8 200 — Perdreau

79 — Beau bureau plat de forme contournée en marqueterie de bois de couleur, à fleurs ; il contient trois tiroirs et est enrichi de chutes, d'anneaux de tirage, d'entrées de serrures et de sabots en bronze ciselé et doré ; dessus en basane noire. Époque Louis XV.

Haut., 80 cent.; long., 1 m. 72 cent.; larg., 88 cent.

3 500 — 3 000 — Perdreau

80 — Commode à trois rangs de tiroirs et portes latérales en marqueterie de bois de violette à quadrillés ; chutes, cariatides, poignées, entrées de serrures, sabots, rosaces et encadrements en bronze ciselé et doré ; dessus de marbre griotte. Époque Régence.

Haut., 86 cent.; long., 1 m. 60 cent.; prof., 65 cent.

81 — Commode à trois rangs de tiroirs en acajou, sur quatre petits pieds : elle est ornée d'encadrements, d'entrées de serrures, d'anneaux de tirage, de sabots et d'un cul-de-lampe en bronze ciselé et doré. Tablette en marbre brocatelle d'Espagne. Travail de *J.-H. Riesener*. Signée. Époque Louis XVI.

Haut., 93 cent.; long., 1 m. 15 cent.; prof., 52 cent.

82 — Meuble d'entre-deux à hauteur d'appui et sur quatre petits pieds en acajou : il ferme à une porte à deux vantaux et la ceinture contient un tiroir ; encadrements, chutes, entrées de serrures, anneaux de tirage en bronze ciselé et doré. Tablette de marbre griotte. Travail de *J.-H. Riesener*. Signé. Époque Louis XVI.

Haut., 90 cent.; long., 93 cent.; prof., 50 cent.

83 — Petit bureau plat de forme contournée, en bois de violette et de rose, contenant un tiroir et muni d'une tablette mobile ; il est garni d'encadrements et de chutes en bronze ciselé et doré, à motifs rocaille ; dessus en basane noire. Style Louis XV. Maison Dasson.

Haut., 70 cent.; long., 1 m.; prof., 50 cent.

4000
Lassalle

84 — Meuble d'entre-deux à hauteur d'appui en acajou ; les vantaux de la porte et les faces latérales sont ornés de panneaux en ancien laque du Japon, à décor d'habitations, oiseaux et branches fleuries en laque d'or et de couleur en relief sur fond noir ; encadrements, chutes et pieds-griffes en bronze ciselé et doré ; tablette épaisse en marbre brèche violette. Maison Dasson.

Haut., 1 m. 04 cent. ; long., 1 m. 25 cent. ; prof., 45 cent.

500
Meyer
19 Bd Beauséjour

85 — Grand et beau cabinet en laque du Japon à fond noir et décor de fleurs et d'oiseaux en couleurs, avec quantité de tiroirs à l'intérieur. Il repose sur une table de même travail et est garni de charnières et d'une plaque de serrure en cuivre gravé et doré.

PENDULES ET BRONZES

310
Laurent

86 — Cartel-applique sur socle cul-de-lampe en marqueterie de cuivre et d'écaille à rinceaux ; bas-relief, enfant au chien, statuette d'Hébé, encadrements en bronze ; cadran signé : *Martin, à Paris*. Époque Louis XIV.

Haut., 1 m. 25 cent. ; larg., 45 cent.

87 — Horloge Régence, à gaîne contournée, dite régulateur, en marqueterie de cuivre sur écaille, enrichie de cuivres dorés, mascarons, emblèmes, rinceaux, feuillages, chutes, écoinçons.

Haut., 2 m. 12.

88 — Petit cartel-applique en marqueterie d'écaille et filets de cuivre, garni de bronzes, encadrements, chutes et mascarons ; cadran signé : *Mynuel, à Paris*. Epoque Louis XIV.

Haut., 41 cent.; larg., 20 cent.

790
Rosenau

89 — Pendule en bronze doré et marbre blanc, mouvement signé : *Charost, à Paris* : un amour pique d'une flèche une nymphe endormie ; sur la base, frise de jeux d'amours. Epoque Louis XVI. Contre-socle en acajou.

Haut., 38 cent.; larg., 33 cent.

3350
(Picard)

90 — Deux candélabres à trois lumières, en bronze doré et marbre blanc, formés d'un trépied-cassolette à têtes de satyres, d'où naissent les branches porte-lumières. Epoque Louis XVI.

Haut., 59 cent.

500
Simon Seligmann

91 — Deux bras-appliques à deux lumières en bronze ciselé et doré, composés chacun d'une figurine d'amour tenant une touffe de feuillages dont les enroulements forment les branches porte-lumières. Epoque Régence.

Haut., 52 cent.

600
Simon Seligmann

92 — Deux chenêts en bronze ciselé et doré, formés d'une base à volute supportant un vase rocaille surmonté d'un dragon ; poinçon C couronné. Epoque Louis XV.

Haut., 33 cent.; larg., 25 cent.

450

93 — Deux chenêts en bronze formés chacun d'un sphinx couché sur une base oblongue à pieds colonnettes cannelées. XVIIIe siècle.

Haut., 28 cent. ; larg., 30 cent.

1000
+ 1000

94-95 — Deux paires de bras-appliques à trois lumières en bronze ciselé et doré ; les branches enroulées en volutes s'amortissent en têtes d'aigles et naissent d'une gaîne formée d'un vase de fleurs, d'une tête de satyre et d'un pendentif d'instruments de musique. Style Louis XVI.

Haut. 65 cent.

96 — Groupe en bronze à patine brune : les Lutteurs, d'après l'antique ; fonte du XVIIe siècle ; socle en marbre vert de mer.

Haut., 28 cent. ; larg., 25 cent.

97 — Deux sphinx en bronze à patine brune, se faisant pendants : couchés, ils tiennent une coupe entre les pattes de devant. Epoque Louis XIV.

Haut., 20 cent. ; larg., 30 cent.

98 — Deux petits bustes en bronze à patine brune, pouvant se faire pendants : Virgile et Homère ; socles cylindriques en bronze patiné et doré. Epoque Louis XVI.

Haut., 30 cent.

99 — Deux statuettes en bronze, patiné par *Gérôme* : rétiaire et mirmillon antiques. Bases en marbre griotte, avec la légende : *Ave, Cæsar, morituri te salutant.*

Hauteur totale, 55 cent.

SCULPTURES

100 — Statuette en marbre blanc, par *A. Mercié* : Judith, debout, vêtue d'une ample jupe, retenue par une large ceinture ; elle tient un coutelas et foule aux pieds la tête d'Holopherne. Signée.

Haut., 75 cent.

101 — Statuette en marbre blanc, par *P. d'Epinay* : Evohé ! Une Bacchante nue, la couronne de pampres sur la tête, est assise sur un roc couvert d'une peau de bête et joue des castagnettes. Signée. Gaîne en forme de colonnette rudentée en marbre bleu-turquin, avec tore de laurier en bronze doré.

Hauteur de la statuette, 1m04 cent.

102 — Statuette en marbre blanc, par *P. d'Epinay*, pouvant faire pendant à la précédente : Le Songe d'une nuit d'été. Le dieu Pan, assis sur un tertre, la tête appuyée sur la main gauche, le coude reposant sur les jambes croisées, semble plongé dans un rêve délicieux. Signée. Même gaîne que la précédente.

Hauteur de la statuette, 1m04 cent.

103 — Statuette en marbre blanc, par *P. d'Epinay* : Jeune femme nue, debout, prenant une libellule qui s'est posée sur son sein. Signée et datée : 1872. Base en marbre.

Hauteur totale, 65 cent.

104 — Statuette en bois sculpté : Hercule debout, tenant la dépouille du lion de Némée. XVIIe siècle. Base en bois noir.

Hauteur totale, 30 cent.

105 — Deux bas-reliefs en bois sculpté : Neptune et Amphitrite. Travail italien du XVIe siècle. Encadrés.

Haut., 19 cent. ; larg., 16 cent.

OBJETS VARIÉS

106 — Potiche couverte, en ancienne porcelaine de Chine, à décor d'oiseaux et de dragons en rouge de fer, rehaussé d'or : monture rocaille en bronze ciselé et doré.

Haut., 70 cent.

107 — Deux lampes formées chacune d'une potiche en ancienne porcelaine de Chine, famille rose à sujets de pêche ; monture et couvercle en bronze doré de style Louis XVI.

Haut., 55 cent.

108 — Baromètre-thermomètre dans un encadrement en bois sculpté et doré à décor d'oiseaux, têtes humaines, trophées et feuillages. Époque Louis XVI.

Haut., 1 m. 35 cent.; larg., 65 cent.

109 — Coffret oblong en bois garni de pentures, écoinçons, cartouches couronnés, charnières, poignées et entrée de serrure en fer gravé et découpé. XVIIe siècle.

Haut., 30 cent.; larg., 63 cent.

Paris. — Imp. Georges Petit, 12, rue Godot-de-Mauroi.

www.ingramcontent.com/pod-product-compliance
Ingram Content Group UK Ltd.
Pitfield, Milton Keynes, MK11 3LW, UK
UKHW031943260826
14628UKWH00004B/1813

9 782329 533179